El ABC de la Incivilidad en el Trabajo

Una fábula
de Draglícolas y Wowzers

Céleste Grimard
y
Miguel R. Olivas-Luján
(co-autoría e interpretación)

Copyright © 2019

Céleste Grimard, Canada

Todos los derechos reservados. El contenido en estas páginas es propiedad intelectual de Céleste Grimard. La reproducción, modificación, almacenamiento del todo o parte de este libro, su transmisión en cualquier forma, por cualquier medio electrónico, mecánico, o de otro tipo están prohibidas sin previo permiso escrito de la autora.

ISBN-13: 9781686249815
Impresión: KDP

Este libro es una obra ficticia. Cualquier parecido con personas o eventos reales es mera coincidencia.

Ilustraciones de Céleste Grimard.

Co-autoría, traducción e interpretación al español por Miguel R. Olivas-Luján.

Este libro está disponible en inglés con el título *The ABC's of Incivility at Work* y en francés como *L'ABC de l'incivilité au travail*.

AGRADECIMIENTOS

Agradecemos a Jerôme Gagnon, a Michel Cossette y a Xhonané Olivas por sus valiosos comentarios y sugerencias a las versiones anteriores de este libro. También agradecemos a un sinnúmero de trabajadores que han compartido sus anécdotas laborales con nosotros.

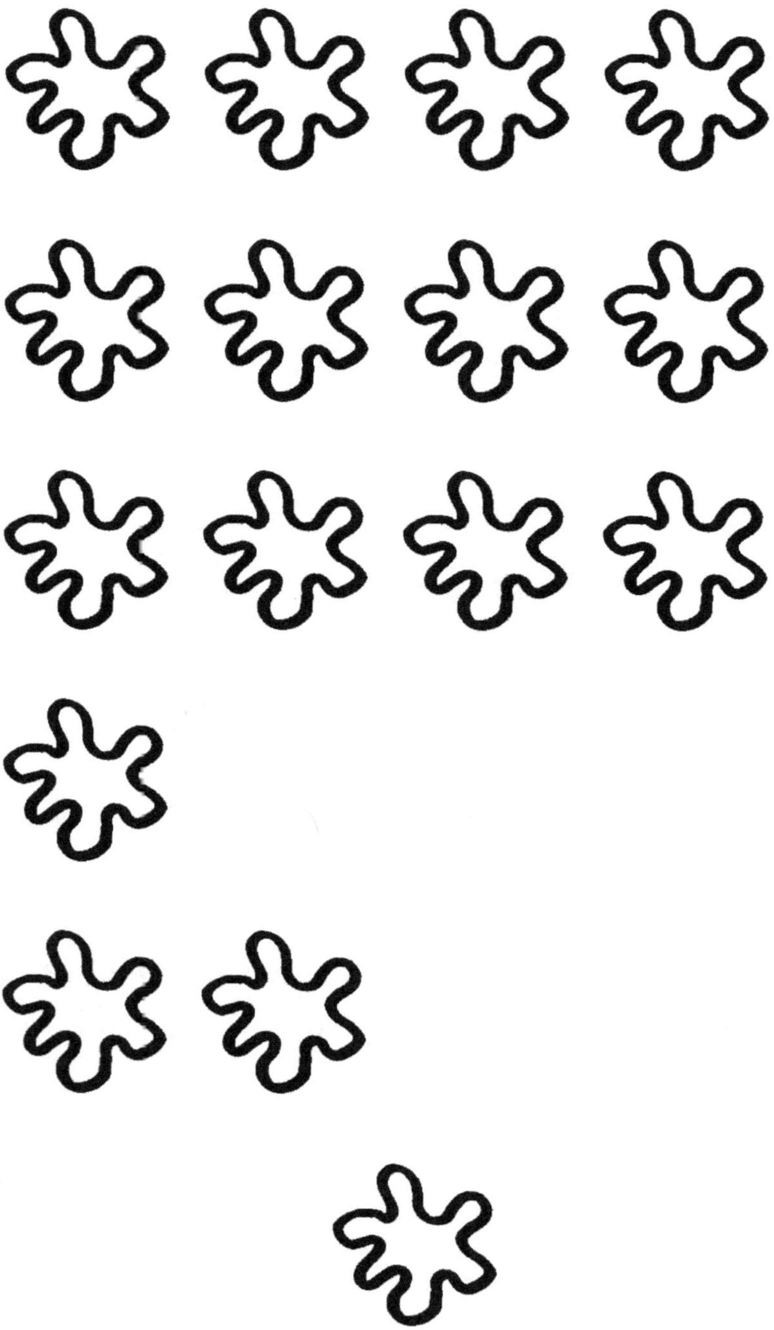

ÉRASE UNA VEZ, hace no mucho tiempo y en un lugar no muy distante, que draglícolas del planeta Draggle descubrieron que había vida más allá de sus lunas y soles. Wowzers del planeta Wowzie llegaron al planeta Draggle en sus 11,111 máquinas voladoras y sorprendieron a un desorganizado grupo de draglícolas que tomaban clases de liderazgo en el Aula. Lo que sucedió después es una larga historia llena de encuentros, protocolo y pizza, en la cual los wowzers y los draglícolas se empezaron a conocer.

Yolanda, una wowzer cuya especialidad era la cortesía, estaba a cargo de la misión al planeta Draggle. Le encantaba reunirse con otras especies; sus múltiples ojos le permitieron notar fácilmente que los océanos del planeta Draggle estaban llenos de cristales zolto de la mejor calidad.

Estos cristales zolto eran esenciales para los wowzers. Al llegar a la madurez, los wowzers perdían la vista y consumían cristales sintéticos para recuperar la visión. Desafortunadamente, estos cristales Zolto eran de muy baja calidad y manufacturados en cantidades limitadas, por lo que los productores aprovechaban su monopolio, incrementando el precio de los cristales en cualquier momento.

El líder del planeta Draggle era Xavier X-Perto, que se consideraba un experto en todo, incluyendo aquello que ignoraba por completo. Un buen día, cuando Yolanda preguntó sobre los exquisitos, brillantes cristales triangulares en los uniformes draglícolas,

Xavier le explicó que el cristal era agradable a la vista y útil para cortar pizzas (su comida favorita), pero no tenía ningún otro uso. "Es una baratija."

Este era el momento esperado por Yolanda desde que hicieron contacto con los draglícolas. Yolanda le preguntó a Xavier si los wowzers podrían comprar cantidades industriales de cristales en los próximos milenios. A cambio, los wowzers les compartirían su tecnología avanzada para cortar pizzas. Por supuesto, Xavier, el líder draglícola aceptó inmediatamente.

Una vez negociado un acuerdo entre Yolanda y Xavier, los wowzers trabajaron con los draglícolas para establecer un proceso de extracción, compresión y empacado de grandes cantidades de cristales zolto, en bolas transportadas por robots en el nuevo elevador espacial al planeta Wowzie. Durante el primer mes, el proceso trabajó sin probelma. Los wowzers les confiaron la planta Zolto a los draglícolas y anunciaron que regresarían al planeta Wowzie, visitando al planeta Draggle cada par de lunas verdes para dar mantenimiento al equipo.

Al ausentarse los wowzers, los draglícolas emplearon a los mejores graduados del Aula para supervisar el proceso de extracción y transportación de los cristales zolto. Xavier, el líder draglícola estaba a cargo.

Si bien el proceso era eficiente cuando los wowzers lo manejaban, conforme el tiempo pasó, los niveles de producción cayeron a un mínimo. Las comunicaciones de la planta Zolto hacia los wowzers fueron cada vez menos, más confusas y desagradables. Algo estaba pasando. Eventualmente, dos lunas verdes aparecieron sobre el planeta Draggle.

Esta era la señal que los wowzers necesitaban para regresar al planeta Draggle e investigar qué causó el deterioro en la producción y las comunicaciones. Mientras que un equipo daba mantenimiento a la tecnología extractiva de los cristales zolto, otro equipo de investigadores wowzers observaron a los draglícolas encargados de la planta Zolto. Después de un periodo razonable de observación e interacción, estos wowzers regresaron al planeta Wowzie y reportaron que habían observado a los siguientes caracteres en la planta Zolto.

A **ALEXIS YOYO** le encanta llamar la atención. De hecho, constantemente presume de sí misma, de su familia, de sus logros, de su… ¡todo! Es quien más habla durante las reuniones, a la hora de comer o descansar y en la oficina. Le encanta mencionar lo perfecta que es su vida, pero también comparte (¡de más!) todo lo que no va bien. Alexis Yoyo espontáneamente platica de su visita al ginecólogo, lo difícil que es encontrar al draglícola de sus sueños, su increíble fin de semana en el planeta de los Soles y todas las otras situaciones en su vida. "Yo, yo y yo" es su lema.

Alexis habla y habla aún cuando interrumpe a sus colegas o su trabajo. Realmente no le importa interrumpir porque ¡no hay nada tan importante como lo que sucede en su vida en este momento! Y si alguien más recibe atención del grupo, la escucharás suspirando de aburrimiento o irritación y la verás jugando con el teléfono, enviando textos y actualizando su estatus en las redes sociales. De hecho, la mejor manera de librarse de ella es ponerle atención a alguien más.

El ABC de la Incivilidad en el Trabajo

¡Yo! ¡Yo! ¡A mí!
¡Pónganme atención!

BENITO OCUPEY dice ser un malabarista del tiempo. Tiene tantas cosas que hacer que no se le puede pedir nada extra. Benito se queja con Xavier por sobrecargarlo. "¡No puedo más! Tengo más trabajo del que puedo realizar en un día. ¡Es injusto!" le comenta a Xavier directamente o a sus compañeros cuando Xavier está cerca.

La realidad es que el trabajo de Benito no son el problema; es su falta de prioridades, organización y enfoque. No trabaja ni duro ni inteligentemente. Es incapaz de administrar su tiempo razonablemente. Benito Ocupey está tan ocupado quejándose durante el día, que desaprovecha el tiempo que necesita para hacer su trabajo. De hecho, sus quejas e ineficiencias son la razón de que esté siempre ocupado.

A veces intenta delegar su trabajo a sus colaboradores o bien deja de responder con tanta frecuencia que ya nadie confía que él hará lo que le corresponde. Busca que los demás crean que está muy ocupado para que no le den más trabajo. ¡Y le está funcionando!

Benito tiene un primo, **FLO-JO PÉREZ OSO**, quien también tiene mucho trabajo y nunca termina su trabajo a tiempo. Flo-Jo se ocupa de todo, excepto de su trabajo: se supone que debe empacar cristales, pero le encanta crear videos. Él hace lo que quiere, sin importar sus responsabilidades. Contantemente les dice a los demás que tiene mucho trabajo y necesita un asistente.

El tiempo que me quejo me quita tiempo para hacer mi trabajo. ¡Pobre de mí!

A **CRÉDITO ACAPARADOR** le gusta hablar de sus éxitos, pero no da honor a quien honor merece. Acapara el crédito por su esfuerzo – y por el tuyo también. Pide tu ayuda, pero no comparte el crédito cuando se logra algo. Crédito Acaparador es muy selectivo al reconocer los méritos de algunos colegas (sus amigos), pero no de otros (draglícolas que considera rivales). Si alguien le comenta una idea, él la presenta en las reuniones como *su* idea.

Le fascina ser el centro de atención y aprovecha todas las situaciones que le permiten mostrarse bien. De hecho, a Crédito Acaparador le encanta dar presentaciones de equipo, sabiendo que la audiencia generalmente asume que quien presenta el proyecto es el líder y ha contribuido más que los demás.

Pero si algo sale mal, Crédito desaparece. Nunca acepta un error porque es demasiado exitoso para equivocarse. Nunca asume responsabilidad de sus errores. Él sólo toma crédito por las acciones de otros… ¡si es que los resultados son positivos!

Nuestros éxitos se deben a mi excelencia.
Nuestro equipo estaría perdido sin mí.

DEBBIE DEL POZO proyecta una sombra sobre todo aquello que no cumple sus expectativas (y es muy raro que algo le guste). Los soles jamás iluminan a Debbie; se queja constantemente, demostrando así su irritación, disgusto, susceptibilidad, negatividad, melancolía, y temperamento.

Cuando camina en la planta, prácticamente se pueden ver las sombras expandiéndose a su alrededor, haciendo que sus compañeros se sientan miserables y cuestionen la relevancia de la planta Zolto. Tanto la planta como Xavier son el objeto de sus quejas mientras que el ambiente se oscurece.

Ante cualquier titubeo o falla de Xavier o de algún compañero, Debbie comunica su disgusto, "Si hay algo de qué quejarse, me quejaré. ¡Y siempre hay algo de qué quejarse!"

El ABC de la Incivilidad en el Trabajo

¡Este trabajo es lo peor!
¡Me fastidia y a ti también te debería fastidiar!

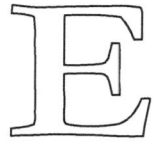

EFRÉN GLOT-ÓN tiene hambre. No tiene tiempo de comer antes de llegar a la planta, pero cuando lo tiene, prefiere comer en su escritorio. Engulle un chorizo con ajos, cebollas fritas, frijoles y arroz con curry, y lo baja con un café negro. Sus vecinos escuchan zanahorias y el apio crujiendo. No es raro que algo se derrame, huela, sea escupido, repetido o pase en forma gaseosa. Sus dedos son pegajosos, aún antes de usar el hilo dental en público. Después de 20 minutos, Efrén Glot-Ón aplasta los contenedores de comida y bebida, los pone en una mesa cercana o en el piso y saca su imprescindible postre.

Efrén Glot-Ón no tiene idea del efecto que el espectáculo, los sonidos y los olores tienen en sus compañeros de trabajo. Por si fuera poco, las barras de granola, migajas y otros bocadillos atraen roedores a la planta.

¿Y qué si hago un poco de ruido o un tiradero… o si atraigo ratones al trabajo?

FANNIE FASHIONISTA se engalana para ir a trabajar. Usa enormes aretes, maquillaje artístico, cristales que adornan sus largas uñas y largo cabello que ondula alrededor de su cabeza en un minuto, y al siguiente lo convierte en una cola de caballo. Fannie Fashionista no duda en cepillar y examinar su cabello, inspeccionando ocasionalmente si es que hay puntas quemadas. Sus labios y pestañas deben ser retocados con frecuencia. Sus cosméticos viajan en un estuche de diseñador que cambia en combinación con sus botas altas y su *look* al último grito de la moda. Quién sabe, puede ser que, al salir del trabajo, será la estrella en una pasarela o engalanará la disco de moda. A veces

¡Qué horrible oficina sin mi presencia!

malinterpreta los lineamientos de la planta: blusas cortas, corpiños, transparencias, vestidos sin espalda, sandalias o prendas interiores a la vista. ¡Guau! Los gustos de Fannie la distraen a ella y a otros también.

Fannie siente que **DULCINEO DESALIÑADO** tiene mucho que aprenderle. Los dos se arreglan en el trabajo, pero Dulcineo se rasca la nariz, corta sus uñas, mete sus garras en todo orificio, y rasca, rasca, rasca. Mientras que los compañeros de Fannie se asfixian en su perfume francés, los de Dulcineo se alejan por su mal aliento y olores corporales... Es evidente que el desodorante y los baños son opcionales en su hogar.

Dulcineo piensa que los pantalones extra grandes son *súper cool*, sobre todo cuando llevan agujeros, arrugas, manchas, o cuando se combinan con tenis lodosos o calcetines y sandalias. Su abundante y enmarañado cabello sale de su nariz, oídos, pecho y otros lugares. Sus dedos y dientes están amarillos de fumar. Toda la oficina sabe cuando se limpia la nariz, tose, eructa o gime. Escupe en el piso, en la banqueta o en el cesto de basura. Curiosamente, a veces se pregunta porqué sus colegas se ahogan o se tapan la boca y la nariz en su presencia.

GERMÁN GERMEN debió haberse quedado en casa. Tose, aúlla y carraspea adolorido, propagando miles de gérmenes y partículas en el aire. Sus compañeros tratan de evitarlo y se encogen cuando él les toca o a sus muebles. Germán Germen se enorgullece de su record de asistencia y ridiculiza la idea de que pudiera contagiar a sus compañeros.

Germán pasa el día como zombi, sentado frente una pantalla en blanco. Su productividad ha bajado… a cero, y además tiene a sus compañeros preocupados por evitarlo a él y a todo lo que le rodea.

Germán siente que es el empleado más "confiable" al no tener ni una ausencia en la planta Zolto… ¡jamás! Critica complacientemente a quienes se toman un día para recuperarse cuando caen enfermos de gripe. Germán no se da cuenta de que sería mucho más considerado y apropiado si se quedase en casa a descansar, en vez de ir al trabajo cuando la enfermedad interfiere con su productividad.

El ABC de la Incivilidad en el Trabajo

¿Enfermo? ¿Quién, yo?

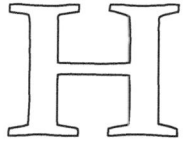

HIPÓLITO Y HERÁCLITO REGATÓN

son gemelos y primos de Alexis Yoyo. Hipólito Regatón no deja que nadie hable durante las reuniones. Tiene toneladas de cosas qué decir, y la mayoría es irrelevante. Una vez que empieza, Xavier no puede interrumpir. Hipólito es un experto en arruinar conversaciones. Todos sus asuntos son "urgentes" y espera que los demás estén de acuerdo. Cualquier grupo de personas es el foro perfecto para presentar su agenda personal. Hipólito desvía todas las reuniones hacia los temas de su interés.

Su gemelo, Heráclito Regatón, piensa que todo es negociable: desde las horas de trabajo hasta lo que se hace en la planta Zolto; cómo se asigna el trabajo, los niveles de pago y cualquier otra cosa bajo los soles. Absolutamente todo es negociable y jamás acepta un "no." Al mediodía, cuando Heráclito Regatón se da cuenta de que no va a terminar sus objetivos del día, empieza a negociar con Xavier para reducir su trabajo, o por lo menos lo que a él le toca hacer para que sus circunstancias personales sean consideradas.

El ABC de la Incivilidad en el Trabajo

¡Yo negocio hasta que consigo lo que merezco y luego negocio otro poco!

I

ISABEL IMPOLIE nunca dice *por favor*, *gracias*, *perdón*, *lo siento*, *me equivoqué*, o alguna otra expresión que muestre cortesía. Su boca está llena de vulgaridades especialmente cuando se debe enfocar a su trabajo. Jamás se rebajaría a mostrarle respeto a nadie, especialmente a Xavier.

Isabel Impolie y su primo, **RANDY RUDO**, son un par que se siente con derecho a todo. Siempre tienen la razón y los demás están equivocados. Si sabes contar, ¡no cuentes con ellos! Todo se desacelera porque no regresan llamadas telefónicas ni contestan correos electrónicos a tiempo. Palabras como cooperación, trabajo en equipo o coordinación no han entrado a su vocabulario. Si les pides papel sanitario en el baño, simplemente te ignoran. Les divierte cerrar la puerta del elevador si ven que también quieres entrar. Nunca abren las puertas a los demás, sino que se esperan a que alguien les ayude.

¿Me estás hablando?
¡Ni creas que te voy a ayudar con tus problemas!
¿Porqué decir "gracias" si el agradecido debiera ser tú?

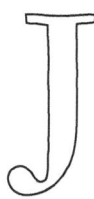

JUSTA JURADO actúa como juez y jurado de todo lo que sucede en la planta Zolto. En su mente, su opinión es más importante que ninguna otra y ella sabe lo que es mejor. En lugar de trabajar y tratar de ayudar en lo posible, Justa Jurado reposa y evalúa, juzga y critica todo lo que se dice o hace en la planta. Con facilidad identifica las imperfecciones, problemas, y debilidades en el trabajo de los demás y sus supervisores. "Yo lo haría mucho mejor."

SUSANA SOSPECHOSA, prima de Justa Jurado, desconfía de todo y siempre encuentra formas de probar que nadie es digno de su confianza. Jamás. Toma nota de la hora que llegaste, cuánto tiempo estuviste descansando, la hora en que saliste… Meticulosamente atesora hechos y datos para compartir los resultados de sus "investigaciones" con las autoridades. No importa que al ocuparse de todo eso, sus tareas quedan para después…

KRISHNA BULLY, otra prima de Justa, piensa que los demás son unos idiotas. "Son un montón de imbéciles." El sarcasmo y el cinismo son sus armas preferidas. Cuando alguien habla, Krishna Bully pone sus ojos en blanco y murmura, "¡qué estupidez!" Su talento más especial es humillar en público y arruinar reputaciones. Si haces amistad (o no), te conviertes en el blanco de sus bromas, comentarios burlones o groseros, apodos ("¡Oye, loca!"), te insulta, revela a los demás lo que le hayas confiado ("¿Cómo va tu incontinencia?"), disminuye tu credibilidad frente a los demás y difunde chismes y rumores. Aún si no estás en su equipo, Krishna encuentra la forma de reprenderte en público.

¡Idiotas!

KARLA AULLÓ arma un alboroto por cualquier cosa. Nada amistosa, es súper sensible, cambia de humor frecuentemente, todo es un fastidio, un problema, una inconveniencia que termina afectando el ambiente de trabajo. Todo la irrita, es un problema, y un inconveniente. Detalles insignificantes se convierten en tormentas que otros draglícolas deberán resolver.

Karla hace berrinches, es irritable y normalmente está de malas. Ella intimida al grado que sus colegas se sienten en peligro cuando necesitan colaborar. Da puñetazos al escritorio mientras que sus ojos parecen lanzar cuchillos a la menor "provocación." Nunca está dispuesta a ayudar, y siempre encuentra razones para retirarse de equipos de trabajo.

Karla maldice, tira cosas al piso o a la pared y fulmina con la mirada a Xavier si él le llega a pedir que modifique algún trabajo (normalmente mal hecho). "¡Xavier es muy demandante y rígido! ¡Nadie se va a fijar en eso!"

Karla pide frecuentemente consideraciones especiales. No se da cuenta de que, si Xavier acepta hoy para no discutir ni perder más tiempo, él será mucho más cuidadoso la próxima vez; Karla gana muchas batallas pero termina perdiendo la guerra.

¡Todo me incomoda!

LÁNGUIDO LIGERO nunca empieza el trabajo a tiempo. Lo más predecible es que no se puede predecir lo que hará, a menos que sea la hora de salida, porque rara vez está en la planta al fin de la jornada. "Las horas de trabajo no se ajustan a mi agenda. ¿A quién le importa si mis colegas necesitan ayuda? ¡A mí, no!"

Lánguido Ligero va y viene cuando quiere. Aún cuando su cuerpo está en su escritorio, su mente se encuentra en otro lugar. Se le encuentra en su teléfono durante el día y aún más en las reuniones, a las cuales con frecuencia ni siquiera asiste. Y, cuando asiste, no pone atención, cambia el tema o deja de participar. Le fascina murmurar con los vecinos mientras hay otros hablando.

¿Y qué, si hace ruido o distrae a sus compañeros al salir? Aparentemente, él tiene cosas que hacer y reunirse con gente tan importante, que debe salir de la planta urgentemente. ¡Un gran compañero de equipo!

A su primo, **ALEX ADIÓS,** pocos lo ven en la planta Zolto. ¿Estará trabajando desde su casa o visitando clientes? ¿Estará enfermo? Nadie sabe con certeza, ni siquiera su jefe. En la planta, él evita interactuar con sus colegas o participar en tareas que requieren colaboración. Se toma recesos extra largos, checa sus redes sociales (y se toma selfis en el café más cercano cuatro veces al día), envía mensajes y chatea con amigos. Es tan emprendedor que aprovecha las salidas para generar algún ingreso extra. Sus fines de semana duran tres o cuatro días a causa de sus "malestares" que ocurren en lunes. Se queda en casa cuando siente que la más mínima molestia está por llegarle. Y siempre tiene un certificado médico precisamente cuando los días de más trabajo están por llegar o hay que terminar reportes oficiales. ¿Será que realmente está enfermo? Nadie lo sabe, pero se le ha visto en la pizzería cuando dice estar convaleciente en casa. Por si fuera poco, Alex viaja al planeta Del Sol para recuperarse del estrés de la planta.

Realmente no estoy aquí…
Tengo cosas que hacer y lugares por visitar.
Obviamente, aquí no.

MARCOS MAÑAS es un holgazán que busca los mejores ingresos por el mínimo de trabajo. Nunca hace lo que le toca, sino que encuentra formas de convencer a otros para que lo hagan. En ocasiones, le ruega a Xavier que reduzca sus tareas, pero lo más normal es que sus colegas se desesperen y las hagan. Siempre es el eslabón más débil, aunque a veces ni siquiera forma parte de la cadena. Procrastinador habitual, vive con la esperanza de que su departamento no se dará cuenta, y hará su parte del trabajo. En el pasado, se ha librado de participar en proyectos departamentales fingiendo problemas personales graves en el momento adecuado o engrandeciendo el ego de los compañeros de equipo ("Tú haces esto mucho mejor que yo...").

A Marcos se le reconoce por no ser confiable ni terminar lo que le corresponde. Lo que promete, no lo cumple. Si se compromete en privado, lo negará en público. Como Alex Adiós, se reporta enfermo y sus compañeros tendrán que hacer su parte; no le importa mentir para evitar trabajar.

Las mañas de Marcos son legendarias. Incluso en los

picnics se le ve tomando lo mejor (el mejor asiento, la rebanada de pizza más grande, la última dona, etc.), sin contribuir algo o al menos aportar una bolsa de papas. Eventualmente, sus costumbres y falta de confiabilidad le van a costar, pero él sacará todo el jugo posible durante todo el tiempo que pueda.

Si haces lo que a mí me toca, será más fácil para ti (¡y para mi!). Y no esperes que cumpla lo que prometo.

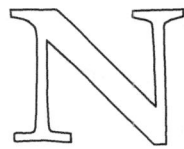

NADIR NIETO necesita atención y alabanzas constantes para hacer su trabajo. Nadir tiene mil preguntas y siempre está pidiendo favores. Nadir es inseguro y no confía en su capacidad de deducción, ni nada que se le parezca. Necesita hablar con Xavier y sus colegas antes, durante y después del trabajo. Además de visitar las oficinas con frecuencia, envía mensajes constantemente para asegurarse de que está haciendo todo bien. Requiere la aprobación explícita de Xavier y de los demás ... al menos una vez más.

La prima de Nadir, **IRMA INSEGURA**, proyecta sus inseguridades en los demás y tiene una obsesión por compararse a otros. Tiene que comparar su valor en relación a los éxitos de los demás. Si alguien tiene logros, se siente amenazada, les envidia y se siente mal. Si otra persona fracasa, se ríe y regocija en secreto. A veces provoca dudas en quienes le rodean: "¡Eso cualquiera lo hace!" o bien, "Ya sé, ni que fuera algo nuevo…"

El ABC de la Incivilidad en el Trabajo

¿Me ayudas?
¡No sé lo que haría sin tus consejos!

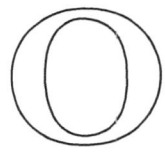

OVIDIA OPINIONEZ es indiferente a las investigaciones que corroboran x, y, o z. Si su experiencia no concuerda con esos estudios, su visión personal del mundo, con una muestra única (n = 1), es todo lo que importa. "Yo ya sé todo lo que necesito saber. ¿Para qué necesito escuchar a otros? Yo estoy bien y todos los demás son unos retrasados. A los que no comparten mi opinión les falta un tornillo. ¡No discutas conmigo porque perderás! Déjame enseñarte cómo funciona esto." Ovidia Opinionez ni lo piensa cuando corrige los "errores" de Xavier. "El planeta Draggle no es una esfera aplanada en los polos; es circular. ¡Me consta; lo vi en una caricatura!"

Yo debiera ser el director.
¡Lo sé todo!

PRUNELLA Y PIERRE PERSONALÍSIMO siempre están tan cerca de ti, que te falta espacio. Si retrocedes, ellos avanzan. Prunella toca a la gente al grado de alejarlos. Te involucra en conversaciones personales, aunque te muestres incómoda. Te toca, acaricia y reacomoda todo a tu alrededor. Si tú no estás en tu escritorio, no importa; ella reubica lo que crea necesario, aún si tú ya le expresaste tus preferencias. Por si fuera poco, si dejas tu computadora por dos segundos, ella lee tus mensajes y los envía a otros; tu información personal es conocimiento público.

Le encanta sentarse cerca de los demás. Para Prunella no hay mejor lugar que aquel en que puedas escuchar su respiración, en reuniones o en el comedor. Se inclina para ver lo que estás leyendo o haciendo. Con toda confianza se sienta junto a ti cuando buscas un lugar solitario para reflexionar o tomar un respiro.

¡Cuidado con Pierre Personalísimo en el baño! Si alguien está en los urinarios, él se acomoda a su lado y empieza su plática. Su mirada se siente también en el baño de las damas. Cuando notas a dónde van sus ojos, te sientes expuesta. ¿Será que "Impúdico" es su segundo nombre? Finalmente, pasa horas espiando en línea o en persona, "¿Sabías que hay dos draglícolas con tu apellido en la lista de buscados?" No es raro que entre a tu oficina "accidentalmente" mientras que tú no estás o que te siga al café – así como Prunella.

¿Qué haces? ¿Puedo echar un vistazo?

QUERUBÍN QUINTERO siempre encuentra la manera de no responsabilizarse por sus acciones. Jamás reconoce haber cometido un error o tenido algún accidente. Sus ojos se abren como platos mientras proclama su inocencia. "¿Que alguien rompió la impresora? ¡Yo no fui!" Su labio inferior tiembla ante la más mínima sugerencia de que pudo haber hecho algo equivocado.

Y cuando toda la evidencia apunta en su dirección, encuentra excusas como enfermedades, crisis personales, estrés, etc. Sus favoritas son instrucciones confusas, problemas sistémicos, de comunicación, colegas que no cooperan, etc. Con toda seguridad, su pobre desempeño personal se debe a factores más allá de su control, incluyendo… ¡a ti!

El primo de Querubín, **MANUEL MANUALES**, sí se responsabiliza, pero sólo de lo que está en el manual. Si se necesita algo que no está en la descripción de su puesto, él se aleja rápidamente. A él no le interesa salir de su zona de confort ni velar por los intereses del grupo.

El ABC de la Incivilidad en el Trabajo

No es mi culpa. Es SU culpa.

RANDY RUDO, a quien ya conocimos, no se da cuenta de que un poco de cortesía le ayudaría mucho más; no sabe que se atrapan más moscas con miel que con vinagre. No pone atención cuando Xavier se dirige a él (le interrumpe, otras veces atiende sus mensajes en el móvil, otras veces hace expresiones de disgusto o pone los ojos en blanco e inclusive lo deja hablando a la mitad de una frase). Sin embargo, cuando Randy quiere algo, le tendrás en tu cara, blandiendo sus garras. No te dejará hasta que te rindas, aceptes sus condiciones y te retires en silencio.

Su primo, **ROCKY BRONCO**, es agresivo y descuidado con lo que le rodea. Lo verás dando puñetazos a mesas y paredes, azotando puertas, pateando cajas o latas, y hasta soltando su computadora en el suelo. La propiedad de la empresa le es indiferente. Deja puertas exteriores sin llave, ventanas sin bloqueo y hasta se olvida de sus archivos confidenciales en el café.

El ABC de la Incivilidad en el Trabajo

"Aunque me tachen de agresivo, yo sólo defiendo mis derechos. ¡Si se callaran esa &*!$% bocota, me escucharían mejor!"

SALLY SOCIALITA se distrae en el trabajo. Platica en cualquier momento y lugar que le place.

La encuentras en la oficina o puerta de aquella persona que está más ocupada o respondiendo una llamada. "Tengo tantas cosas importantes e interesantes que compartir, ¡es imposible esperar a que tengan un descanso!" Estas conversaciones distraen a los colegas y no cesan a pesar de que Xavier le ha dicho a Sally que desista. "¿Y qué, si alguien se molesta?"

Además de las ruidosas conversaciones cerca de los draglícolas ocupados, su risa se escucha en todo el edificio, sin darse cuenta de los efectos. También se escucha su música o sus canciones, esperando que otros vendrán a platicar con ella. Obviamente, Sally jamás termina su trabajo a tiempo. Para ella, el día se va rápidamente y sus logros no son escasos… ¡son nulos!

*Yo no distraigo a nadie;
sólo soy amistosa.*

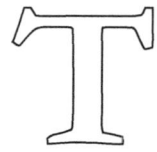

A **TOMMY TEKNO** le encanta usar la impresora y la copiadora para usos personales como imprimir libros o tomar "fotografías corporales". Usa los recursos colectivos por horas y deja un tiradero cuando sale del cuarto. Cuando hay problemas técnicos, todo lo deja descompuesto, sin tinta, sin papel, con puertas o cajones semi-abiertos, recortes de papel por todas partes.

Por si fuera poco, Tommy es un riesgo para la seguridad de la planta. Confiado y curioso, no le importa abrir correos basura o *spam*, ventanas emergentes (*pop up*) y archivos ejecutables enviados por príncipes extranjeros o viudas que necesitan ayuda para gastar su inmensa fortuna. Pocas personas han recibido tantos gusanos, troyanos y otros programas espías.

Finalmente, cuando deja de discutir por correo electrónico con otros, usando mensajes cada vez más agresivos y con ataques personales, le fascina "difundir gozo y alegría" enviando chistes o vendiendo artículos personales "de oportunidad" y con "grandes descuentos." Sus mensajes con archivos adjuntos de varios gigabytes ya han causado interrupciones de servicio.

Si bien Tommy Tekno se distrae con la tecnología, **TIMMY TEXTOS** usa constantemente algún aparato electrónico, a pesar de que Xavier tuvo que crear reglas para racionar el uso durante horas de trabajo y en particular durante las reuniones. Timmy disfruta leer sus mensajes, tomar selfis, ver películas o eventos deportivos en vivo, escuchar música y hacer búsquedas irrelevantes en Dragglenet por horas a la vez. Cuando Xavier le recuerda a Timmy que no se deben usar los electrónicos, él lo pone en su regazo y continúa sus actividades. No se da cuenta de que todos, especialmente Xavier saben lo que está haciendo. Tal vez Timmy está en el trabajo, _pero no está trabajando_. Cuando otros trabajadores lo ven distraído con sus aparatos, también ellos sacan los suyos.

Este texto sí es urgente.

ÚRSULA MEDEBES toma prestado de la planta Zolto. Aunque nunca regresa lo "prestado," para ella esto no es un robo; ¡jamás! Es parte de su compensación total; un pequeño beneficio a cambio de su labor. Además, si ella piensa en el trabajo cuando está en su casa, es lógico que se le pague, ¿no? …en especie.

Úrsula se trae plumas, grapadoras, papel, sobres, papel sanitario, sillas, laptops, impresoras… lo que encuentre. De hecho, al acercarse el nuevo año escolar, primero hace sus "compras escolares" en el almacén de la oficina para toda su familia.

Y eso no es todo. Úrsula Medebes también se roba tiempo de la planta Zolto. Aún cuando llega a tiempo a la oficina, los primeros 30 minutos son de preparación: maquillaje, café, el chisme del día, etc. Durante el día, resuelve sus negocios personales, actualiza el Facebook, hace compras, toma recesos extra largos y sale "a fumar" varios cigarrillos, por lo menos 20 minutes a la vez…

¿Lo más triste? No sabe porqué nunca le alcanza el tiempo.

*¿Cuál es el problema si me llevo algunas cositas?
¡Para eso trabajo!*

A **VIVIANA VÍCTIMA** le ha ido muy mal, pero jamás ha sido su culpa. Es muy sensible y reinterpreta desfavorablemente los comentarios o acciones de los demás. Les culpa por los problemas que ella misma ha creado y piensa que todos están tratando de atraparla. Como buena diva, hace una tormenta en cualquier vaso de agua. "¡Si me quejo es porque tengo mucho de qué quejarme! ¡El mundo entero está contra mí!"

Xavier y los demás draglícolas la tratan "con pincitas" para no despeinar su antena ni caer en sus garras. Pero esto implica que su trabajo es de baja calidad. Y por supuesto que siempre tiene maletas llenas de excusas para demostrar que nunca es su culpa ni su responsabilidad. No está dispuesta a reconocer ni responsabilizarse del más mínimo de sus problemas. Más bien actúa como niña indefensa, se compadece de sí misma y culpa a los demás, incluyendo a Xavier ("si tan solo fuera un buen director"). Otros terminan solucionando sus errores o haciendo lo que a ella le tocaría porque no se le puede confiar nada importante.

El ABC de la Incivilidad en el Trabajo

¿Porqué yo?
¡Todos me quieren atrapar!

WALDO PRECISO siempre tiene la razón, y tú…¡no! La especialidad de Waldo es encontrar de quién es la culpa, en vez de resolver el problema. Como detective de película, se enfoca en identificar al responsable, aunque el problema se pueda resolver sin mayor esfuerzo. En algunos momentos de aparente lucidez, pide tu opinión, pero luego la ignora y la minimiza rápidamente. Waldo Preciso expresa sus sentires con tanta propiedad que si alguien tiene otra opinión lo declarará inmediatamente equivocado. Por supuesto, él sabe que todos los draglícolas racionales estarán de acuerdo con su resolución. Su tono es condescendiente y disfruta usar sarcasmo que pinta a los demás como estúpidos. "Tú dices condescendiente, yo inteligente."

¡Mucho cuidado! Waldo siempre presiona para que las cosas se hagan como él quiere. Y si no se sale con la suya, su revancha llegará por otro lado.

El ABC de la Incivilidad en el Trabajo

Si no es como yo digo, no se hace.

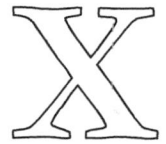

XIOMAR X-CLUSIVO crea grupos que excluyen a quienes no son dignos de su amistad. Rechaza, ignora y les da el "tratamiento silencioso" a todos los indignos de su atención. Aún en reuniones, evita el contacto visual y hablar con draglícolas que no son parte de su grupo. Presta poca atención a los "marginados" e ignora sus opiniones. Xiomar X-clusivo es particularmente dañino cuando está a cargo de un grupo: los que no son estrellas, son automáticamente excluidos.

Solamente invita a los de su grupo a los eventos sociales del departamento. Entre sí se ayudan, se comparten información confidencial y oportunidades; los que no son parte del grupo son los personajes de sus chistes. "Si no eres uno de nosotros, no existes." Los demás se sienten como parias: sin voz ni voto, rechazados, sin respeto. Xiomar X-Clusivo murmura a sus espaldas y si se los topa, les mira con arrogancia o los ignora. En su oficina se junta su grupo para esparcir rumores y chismes respecto a los colegas, a puertas cerradas por si acaso pasa algún marginado.

Si no eres de los míos, eres irrelevante.

YOLANDA YÁFONO es una bravucona que siempre quiere hacer su voluntad. Grita, interrumpe y maldice; hace que su voz se escuche en todo el piso y comenta que no tiene porqué escuchar tonterías. Su expectativa es que todos le darán su atención cuando ella quiere; no le importa interrumpir tu trabajo. Sus mensajes ("¡Llámame!") no dan detalle para discernir el grado de urgencia.

Siempre tiene una respuesta y la comparte en voz alta, particularmente cuando no quiere hacer ciertas tareas, cuando (en su opinión) alguien no está haciendo bien las cosas, y más aún si Xavier identifica su negatividad. Si Yolanda no consigue lo que quiere, empieza a llorar y sollozar y se declara víctima del dictador que la supervisa. Está consciente de que, al acusar a otros, sus acciones reciben menos atención.

A Yclanda no le gusta seguir normas ni políticas de la planta Zolto. En lugar de llenar las formas apropiadas y enviarlas a quien corresponde, contacta al supervisor y se queja en público. Esta costumbre de quejarse a los niveles más altos provoca que los draglícolas prefieran no ayudarla.

El ABC de la Incivilidad en el Trabajo

Tú estás para servirme ...
¡En este momento!

ZOE ZUCCHINI es prima cercana de Marcos Mañas. Zoe nunca se acostumbró a dejar el comedor igual que como lo encontró. Deja los platos sucios en el fregadero, comida en el refrigerador, residuos de té y otras sustancias que bloquean la plomería. Las manchas en el horno de microondas son una clara señal de que ella lo utilizó recientemente. Si se sirve la última taza de café es incapaz de dejar la cafetera lista para el resto del día. Y si ve algo apetecible en el refrigerador, no le importa que la bolsa de comida no tenga su nombre.

Sus vecinos, **BRUNO Y BERTHA BAÑO** también dejan su marca, ¡pero en el lavadero! Posiblemente para ahorrar agua o por no tocar la palanca, jamás descargan el inodoro. ¡Mucho cuidado! Si vas al inodoro justo después de que lo hayan usado, no sólo apestará, sino que habrá fragmentos de papel higiénico en el piso, 'líquido' al lado del inodoro, manchas marrones en el asiento y un rollo vacío de papel higiénico (como lo usan bastante, siempre llevan algo a su escritorio). Cuidado con los saludos de mano porque no se las lavan después de usar el inodoro. Bertha deja tampones usados cerca del inodoro, junto a las sobras de su comida. Tanto Bruno como Bertha Baño pasan horas en el inodoro, sin importar si hay otros esperando usarlos. Al menos lavan sus platos, pero los residuos de comida y agua se quedan alrededor del lavabo (y a veces también los platos).

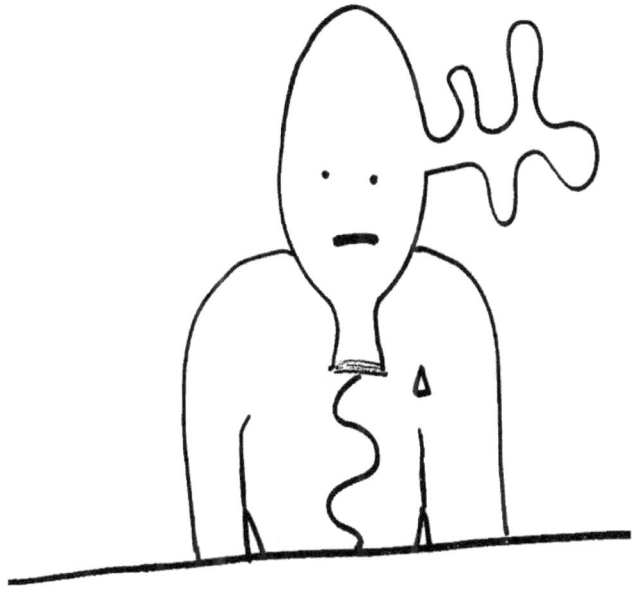

Mi descripción del puesto no incluye el aseo del lugar de trabajo.

¡WOWZERS!

El altamente sensible equipo del planeta Wowzer concluyeron que la producción en la planta Zolto sufre a causa de la incivilidad. Los draglícolas se obstaculizan, se estresan, se aburren o se enojan al enfocarse en sí mismos; evitan tener empatía con los demás y hacen todo, excepto lo que les corresponde en su trabajo.

El ABC de la Incivilidad en el Trabajo

¿Somos ejemplares, o qué?

¡Los Wowzers no entienden a estos personajes!

Alexis Yoyo
Benito Ocupey y Flo-jo Pérez Oso
Crédito Acaparador
Debbie del Pozo
Efrén Glot-Ón
Fannie Fashionista y Dulcineo Desaliñado
Germán Germen
Hipólito y Heráclito Regatón
Isabel Impolie y Randy Rudo
Justa Jurado, Susana Sospechosa y Krishna Bully
Karla Aulló
Lánguido Ligero y Alex Adiós
Marcos Mañas
Nadir Nieto e Irma Insegura
Ovidia Opinionez
Prunella y Pierre Personalísimo
Querubín Quintero y Manuel Manuales
Randy Rudo y Rocky Bronco
Sally Socialita
Tommy Tekno y Timmy Textos
Úrsula Medebes
Viviana Víctima
Waldo Preciso
Xiomar X-Clusivo
Yolanda Yáfono
Zoe Zucchini, Bruno y Bertha Baño

Esos Draglícolas son lo contrario de estos Wowzers:

Alexis Auxiliar
Benito Ocupado pero Organizado y Responsable
Crédito Compartido
Debbie del Gozo
Efrén Comido y Aseado
Fannie y Dulcineo Refinados
Germán Se Recupera en Casa
Hipólito y Heráclito Honrados
Isabel y Randy Cortés
Justa Respetuosa, Susana Prudente y Krishna Amable
Lánguido y Alex Presentes
Marcos Contribuyente
Nadir e Irma Eficaces e Interdependientes
Ovidia Abierta a Otras Perspectivas
Prunella y Pierre Prudente
Querubín y Manuel Acargo
Randy Cortés y Rocky Amable
Sally Eficaz
Tommy y Timmy Balanceados
Úrsula Automotivada
Viviana Dueña de Susactos
Waldo Menteabierta
Xiomar Inclusivo
Yolanda Gentil
Zoe, Bruno y Bertha Serviciales

HABIENDO ESCUCHADO EL REPORTE DE SUS REPRESENTANTES,

los Wowzers se reunieron a reflexionar. Es obvio que los draglícolas no están listos para administrar la planta Zolto sin supervisión, aunque tengan la mejor tecnología. A través de milenios de investigación, los Wowzers aprendieron que la civilidad y la productividad van de la mano. La incivilidad es falta de competitividad. Sin civilidad, el mejor trabajador contribuye mucho menos. Si los marineros no se coordinan, el bote corre el peligro de hundirse, metafóricamente hablando. ¿Qué deberían hacer los wowzers?

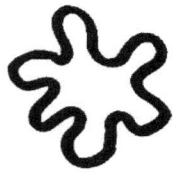

¿Y SI LOS WOWZERS SIMPLEMENTE DESCENDIERAN

y tomaran los cristales Zolto? El planeta Draggle podría ser invadido con facilidad: los draglícolas parecen estar tan enfocados en sí mismos que probablemente ni notarían la absorción de sus cristales Zolto. Pero eso sería robar recursos y los wowzers jamás harían a los draglícolas lo que no quisieran que alguien les hiciera a ellos.

OTRA OPCIÓN SERÍA ENVIAR REPRESENTANTES DEL PLANETA WOWZIE

al planeta Draggle para que trabajen con los draglícolas en la planta Zolto. A través de entrenamientos, modelos y ejemplos, tal vez puedan transformar la manera en que los draglícolas interactúan. Tal vez una conversión gradual de draglícolas permitiría que estos administren la operación de una manera eficiente. Pero, ¿será realmente factible? ¿No tomará demasiado tiempo? ¿No habrá otra opción?

¿Qué podrán hacer?

PARA REFLEXIONAR

1. ¿Qué otros finales pudiera tener este cuento? Si tú fueras un wowzer, ¿qué harías?
2. ¿En qué maneras las costumbres draglícolas obstaculizan las interacciones con los wowzers, particularmente en la administración de la planta?
3. De los draglícolas, ¿cuáles consideras que son los cinco peores? ¿Por qué?
4. ¿Cómo definirías civilidad? ¿E incivilidad?
5. Ordena a los personajes draglícolas en una escala de mayor a menor civilidad o cortesía.
6. ¿Qué otras conductas draglícolas has observado que no están incluidas en este cuento?
7. ¿De qué manera dañan los draglícolas al ambiente de aprendizaje?
8. ¿Qué reacción te provocan los draglícolas?
9. Identifica los cinco draglícolas con quienes menos desearías trabajar en un equipo. ¿Por qué?
10. ¿Qué draglícolas estarían más dispuestos a cambiar su conducta?
11. Identifica los cinco comportamientos draglícolas que ves más frecuentemente en tu lugar de trabajo.
12. ¿Cuáles son los cinco wowzers que más te gustaría tener en tu equipo? ¿Por qué? Incluye ejemplos concretos de sus acciones.

13. ¿Qué pueden hacer los colegas para disminuir comportamientos draglícolas y alentar acciones de los wowzer?
14. ¿Qué vas a hacer tú para reducir los comportamientos draglícolas y alentar acciones wowzer en tus compañeros de trabajo?
15. ¿Y tú? ¿Qué acciones draglícolas y wowzer describen lo que tú haces en tu trabjo?
16. ¿Qué puedes hacer para:
    a. Eliminar tus comportamientos Draglícolas?
    b. Alentar comportamientos wowzer que contribuyan positivamente en el trabajo?
17. ¿Qué puede hacer un supervisor para desalentar acciones draglícolas y animar comportamientos wowzer?
18. ¿Piensas que se debe intervenir en las acciones draglícolas más sutiles, antes de que los problemas pequeños se convierten en problemas grandes (como 'cocinar a fuego lento')? ¿O, será mejor no intervenir?
19. ¿Qué draglícolas podrían aliarse con más facilidad y hacer coaliciones? ¿Cuáles son más probables que generen conflicto?
20. ¿Será posible que una persona muestre comportamientos draglícolas _Y_ wowzers?
21. ¿Qué podría causar estas acciones draglícolas en la gente?

22. ¿Cuáles son los comunes denominadores en los comportamientos draglícolas?
23. ¿Qué citas en la sección de Pensamientos (a continuación) te llaman más la atención? ¿Por qué?

¿ERES UN DRAGLÍCOLA O UN WOWZER?

Te presentamos estas acciones draglícolas en una forma extrema y caricaturizada para identificar y discutir varios tipos de incivilidad. Probablemente todos hemos demostrado una o más de estas acciones.

El primer paso para cambiar nuestras tendencias draglícolas es identificar lo que está fallando. Los siguientes cuatro grupos de preguntas están diseñados con este propósito:

1. ¿Cómo reaccionan mis colegas al encontrarme? ¿Se ven contentos de verme? ¿O parecería que me evitan? ¿Muestran cortesía superficial, con pláticas genéricas? ¿Se ven con ansias de alejarse?

2. ¿Qué comentarios respecto a mis acciones he recibido? A veces nos engañamos a nosotros mismos. No tenemos ni la menor idea de nuestros fracasos y necesitamos comentarios de otros, aunque duela. Recibir retroalimentación honesta puede ser lo mejor que te suceda, aún si esto implica un riesgo en el corto plazo. Si estás haciendo algo que interfiere con tus planes, ¿no te gustaría saberlo?

3. ¿Qué impacto tienen mis acciones? ¿Son realmente efectivas en el corto y el largo plazo? ¿Qué calidad

en las relaciones estoy construyendo con los demás? ¿Estoy creciendo como persona? ¿Me siento verdaderamente feliz de lo que estoy haciendo? ¿Me sentiría apenado si mi comportamiento fuera publicado en la primera plana del periódico o en las redes sociales?

4. ¿Qué dice mi comportamiento en el trabajo respecto a mi forma de vivir? Por ejemplo, ¿intento dar un poco (o nada) y recibir mucho? ¿Tiendo a culpar y quejarme? ¿Me siento defraudado o malentendido por los demás? ¿Estoy de mal humor con frecuencia? ¿Espero que otros tomen la iniciativa y me siento frustrado cuando no se dan los resultados? ¿Estoy enfocado principalmente en mí mismo y lo que yo quiero, posiblemente a costa de los demás?

BUSCA PAUTAS EN TUS RESPUESTAS

¿Te comportas más como un draglícola o como un wowzer? ¿Eres una persona cortés generalmente? Si no estás obteniendo los resultados que desearías, si te sientes mal de estar rodeada de conflictos constantemente o si no estás logrando muchos de tus objetivos, esas son señales de que tus acciones no están siendo efectivas. Mucha gente ni siquiera llega a esta etapa de conciencia de sus actos e incomodidad. Prefieren enterrar su cabeza en la arena y evaden la idea de cambiar comportamientos draglícolas que a veces dan la apariencia de ser cómodos pero en realidad son ineficientes. ¡Felicidades por hacer un esfuerzo por entender tus acciones y tus resultados!

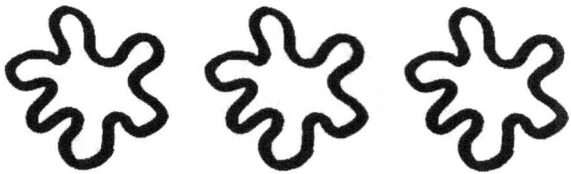

CUESTIONA TUS ACCIONES DRAGLÍCOLAS

¡Ser un draglícola no divierte a nadie! Sus acciones incomodan a todos y envenenan los lugares de trabajo. Los draglícolas no tienen conciencia de cómo los perciben los demás; toman sin ofrecer, se enfocan en lo que quieren a costa de los demás y no tienen empatía. Por el contrario, los mejores colegas actúan como wowzers. La gente los escucha y quieren estar con ellos porque se sienten respetados. Si tú deseas ser respetado, necesitas ser amable. A continuación, tenemos algunas ideas para que tu lugar de trabajo sea más civil:

1. **Toma responsabilidad de lo que haces o dejas de hacer.** Tú eres responsable de tus acciones. Te des cuenta o no, tú seleccionas tus comportamientos y también puedes rechazarlos. No eres una víctima ni un títere con cuerdas. Tú puedes ejercer autodisciplina y autocontrol. No es necesario expresar cada pensamiento ni pelear toda batalla ni reaccionar a todo lo que los demás hacen o dejan de hacer. TÚ eliges. Tú eres el o la agente que tiene libertad de elegir y tomar responsabilidad de sus resultados.

2. **Recuerda que nadie puede herir tus sentimientos sin tu permiso.** Los sentimientos negativos son señales de que tus acciones o pensamientos no están satisfaciendo tus necesidades. Cambia tus pensamientos y cambiarás tus sentimientos. Dos personas pueden estar en la misma situación e interpretarla de manera diferente. Son nuestras interpretaciones lo que nos trae problemas, especialmente cuando pensamos que alguien tiene la intención de atacarnos. Pregúntate si existe otra interpretación para cualquier situación.

3. **Da el beneficio de la duda.** No asumas automáticamente que alguien quiere afectarte. Quizás cometieron un error sin intención. No sabes qué les motiva. No has "caminado en sus zapatos." Pudieran estar pasando dificultades personales o profesionales y su comportamiento puede ser irregular. También puede existir alguna política u otros factores que influyan en su comportamiento. Además, somos humanos. Nadie es perfecto. Aprende a perdonarte a ti mismo y a los demás. Guardar resentimientos te afecta más a ti que a los demás.

4. **Comunícate directamente con los involucrados.** No hables con otros respecto al problema que tienes con un individuo; esto te hace parte del problema, no de la solución. Busca el momento adecuado y habla directamente con esa persona, con calma.

Comparte tus observaciones primero, luego tus interpretaciones. Trata de estar de acuerdo en cuanto a los hechos y mantén tu mente abierta a otras interpretaciones. Hazte responsable cuando puedas. No interrumpas ni te alejes durante la conversación. Escucha. Espera hasta que hayan terminado de decir su parte. No te enojes, no acuses, no grites, no seas hostil, no insultes, no gesticules, no amenaces ni digas groserías, no trates de culpar, no hagas caras, no apuntes con tu dedo índice, no ordenes y no empujes. Ninguna de estas acciones es efectiva en el largo plazo. Alguien pudiera darte la razón en el corto plazo para acortar el episodio, pero perderás su respeto y la batalla en el largo plazo. Es más difícil reparar una relación cuando ha sido enfriada por la falta de cortesía.

5. **Sé cortés y respetuoso.** La cortesía no toma tiempo ni esfuerzo adicional pero sí causa que

otros te vean como una persona razonable que está en control de sí mismo. Expresiones como 'por favor,' 'gracias,' 'perdón' y 'lo siento' son maneras sencillas de demostrar tu respeto por los demás. Si deseas que otros te respeten, empieza por mostrar tu respeto hacia ellos.

6. **Rechaza la sensación de tener derecho a algo.** Esa sensación de que algo debiera ser tuyo interfiere con tu actitud y causa que otros concluyan que eres una persona inmadura. No eres el centro del universo. No debes pensar que mereces todo en una bandeja de plata ni que todo debe salir de acuerdo a tus preferencias. Los demás no existen para servirte y tus necesidades no son más importantes que las de los demás. Los adultos maduros se dan cuenta de que tienen derechos *Y* responsabilidades como los demás. Si te enfocas sólo en tus derechos y lo que se te debe, probablemente quebrantarás los derechos de otros al verlos como obstáculos. No siempre conseguirás lo que quieres, pero es legítimo satisfacer algunas de tus necesidades si respetas el mismo derecho en los demás.

7. **Toma perspectiva.** En serio, ¿qué tan importante es …? ¿Hará una gran diferencia en tu vida?

Dentro de 10 o 20 años, ¿qué crees que será lo más importante para ti? ¿Estás dispuesto a gritar y empujar a los demás por lo que quieres, aunque dañes la relación que tienes con ellos? A veces, nos estancamos temporalmente en un 'túnel,' nos perdemos en los sentimientos, y es difícil ver la salida de los problemas en los que nosotros mismos nos introducimos. Pero todo cambia; en el largo plazo, lo que nos irrita pierde significado. No pierdas tu tiempo lamiendo tus heridas. Enfócate en lo que trasciende.

8. **Sé profesional.** Pregúntate, "Qué haría un profesional en esta situación?" Ninguna acción draglícola, por más que tu mente la justifique, es lo que se espera de un profesional. Si quieres ser profesional, empieza ahora, actuando con madurez, calma, consideración y usando la razón. Recuerda que la incivilidad es una cara de la incompetencia.

9. **Sé positivo y agradable.** Si puedes ser positivo o negativo (y, por cierto, todos tenemos esta opción en toda circunstancia), ¿por qué no ser positivo? Ser negativo te afecta a ti, a tu reputación, resultados, relaciones, y, además, a tu cuerpo. Te afecta física, mental, social y espiritualmente.

Probablemente no te das cuenta de lo horrible que se ve una persona cuando actúa como energúmeno. Si actúas como una trastornada, siempre habrá alguien que quiera trastornarte más. Las emociones son contagiosas y tienen efectos en cadena en los que te rodean. Así pues, sé consciente de lo que proyectas a los demás. ¿Les robas su energía o les ayudas a recuperarla?

10. **Usa humor**, cuando sea apropiado, para cambiar situaciones difíciles o vergonzosas. El sentido de humor demuestra tu humanidad, suaviza el tono de las interacciones y ayuda a que los demás preserven su dignidad. Aún más importante, aprende a reír de ti mismo; admite tus errores y sé generoso con los demás.

11. **Practica la Regla de Oro "Trata a los demás como te gustaría ser tratado" y la Regla de Platino, "Trata a los demás de la manera en ellos desean ser tratados."** Civilidad es respetar y ser considerado con los demás, estemos de acuerdo o no. Cuando todos nos responsabilizamos por comportarnos civilizadamente, creamos una sociedad mejor. ¿Estás fortaleciendo la buena voluntad que existe en el mundo, o eres tú el eslabón más débil?

12. **Enfócate en las cosas positivas que otros ofrecen y muestra gratitud cuando sea posible.** Como lo sugiere Ken Blanchard, "Nota cuando la gente hace algo correcto," y hazles saber que les aprecias. Eso demuestra que eres parte del equipo que trabaja con otros en vez de competir con ellos o enfocarse en sus errores. Sí, aún la gente con autoridad como los supervisores o gerentes necesitan sentirse apreciados. Los humanos somos seres sociales. Todos necesitamos de otros. Cuando ignoras o insultas a alguien, les estás diciendo que no los valoras. Estas acciones son especialmente dolorosas porque atacan la autoestima de las personas.

13. **Mantén siempre un espíritu abierto.** La vida es rica en experiencias y oportunidades. Hay muchas maneras de aprender, enseñar y percibir al mundo. Tú tienes una forma de ser que te sienta bien, pero otros también tienen sus perspectivas personales. Si tratas de ser flexible, salir de tu zona de confort, y estar abierto a otras formas de actuar te ayudará a crecer como persona. También te ayudará a ser más creativo o creativa cuando te enfrentes a situaciones nuevas.

14. **Sé una fuente de aprendizaje y luz para otros.** Trata de convertirte en un "vehículo de aprendizaje" y ayuda a los demás a que aprendan a través de ti. Ser un buen colega significa no sólo ser un buen ejemplo para los demás, sino además tomar la iniciativa para ayudar a los que pudieran batallar más con el aprendizaje.

15. **Sé realista y organízate.** ¡No te sobrecargues! Encuentra cómo administrar tu tiempo, tu temperamento y a ti mismo; y hazlo. Esta es una habilidad esencial para el éxito en el trabajo, la escuela y la casa. Todos deberían aprender esta lección temprano en la vidas. La indecisión es un callejón sin salida, una manera segura de fracasar. En el corto plazo, puede ser que pospongas algo y no pase nada, pero no es lo mismo triunfar que sobrevivir. La urgencia que sientes de terminar un reporte al último momento es estrés que tiene muchas consecuencias sicosomáticas (hipertensión, fatiga, problemas de sueño, problemas digestivos, etc.).

16. **Date cuenta que el aprendizaje es una inversión que haces en ti mismo.** Sólo te estás engañando al no estudiar cómo hacer tu trabajo o al minimizar el tiempo y el esfuerzo en tu trabajo.

Haz de tu trabajo tu prioridad, trabaja con intensidad y te encantarán los resultados. ¡Te sentirás orgullosa de ti misma!

17. **Limpia cuando ensucies algo. No tomes las cosas de los demás. Comparte. Sonríe. Coopera.**

COMBATE LA INCIVILIDAD DE LOS DEMÁS

Este tema es difícil. Es fácil sentirse tentado a usar comportamientos draglícolas para eliminarlos en los demás, pero estas conductas "ojo por ojo" sólo generan una espiral de incivilidad. Tomar **represalias o confrontaciones no ayuda en nada.** Yoda diría, "desafiar incivilidad, debes hacerlo." **Si guardas silencio ante comportamientos no civiles, los estás aprobando.** El resultado neto es que no se detienen; incluso aumentan. **Y tratar de evitar a personas incivilizadas es difícil si tienes que trabajar con ellos diariamente.** La forma en que te relacionas con los demás puede ser la mayor diferencia entre recibir reacciones hostiles y comportamientos amables.

La mayoría de las veces, las personas que se enredan en comportamientos no civiles no son conscientes de que lo que están haciendo es irrespetuoso o que tiene un impacto negativo en los demás. Por lo tanto, un buen primer paso es organizar una sesión o taller de **"Civilidad en el Trabajo"** que te permita (a) poner a todos en la misma página con respecto a qué es y qué no es la civilidad; (b) aclarar expectativas, y (c) crear acuerdos respecto a las normas de comportamiento civil en el futuro. Al prepararse para esta sesión, todos los participantes deberían leer una copia de este libro y responder las preguntas de reflexión. La sesión de Civilidad en el Trabajo puede consistir en una discusión abierta de respuestas a esas preguntas y el desarrollo de "reglas" o expectativas de la civilidad que todos acuerden seguir. Si no sientes que tú deberías organizar esta sesión, puedes recomendarla a tu supervisor o a alguna persona de Recursos Humanos en tu empresa.

Como individuo, puedes **rechazar los comportamientos no civiles de manera asertiva, respetuosa y sin confrontar**, idealmente, tan pronto como ocurran. Expresa tus necesidades directamente y aclara cómo te afecta el comportamiento de los demás. Trata de usar frases como las siguientes: "Los efectos de este comportamiento en mí son…, me siento…, prefiero…, etc." Esto evitará que compartas tus preocupaciones usando "tú", que acusa o ataca a otras personas. Esta técnica es similar a la **técnica DESC** desarrollada por los especialistas en asertividad Sharon Bower y Gordon Bower. DESC implica comunicarse asertivamente **d**escribiendo, **e**xpresando, **e**specificando y apuntando las **c**onsecuencias. Primero, **describe** la situación, apegándote a los hechos, sin hacer juicios de valor. En segundo lugar, **expresa** tus reacciones a la situación (describe tus pensamientos y emociones) usando frases en primera persona (yo). Tercero, **especifica** tus expectativas y necesidades; explica tu resultado deseado. Finalmente, expresa las

consecuencias de alcanzar o no una solución. Christine Porath, experta en incivilidad, sugiere en su artículo de *Harvard Business Review* que debes preparar lo que vas a decir, ensayarlo con otra persona, cuidar tus mensajes no verbales y centrarte en el comportamiento de la persona y sus efectos (*no* en la persona).

¡Un momento! Antes de que vayas a dar comentarios a otros sobre su comportamiento, considera estos consejos de Christine Porath. Ella sugiere que **evites hablar con otros si tu respuesta a las siguientes preguntas es "no"**: "(1) ¿Me siento seguro hablando con esta persona? (2) ... ¿Fue la única ocasión que él o ella mostró tal comportamiento?" En otras palabras, si te sientes inseguro o si el comportamiento no ocurre más que en rara ocasión, entonces no hables con esta persona al respecto. Más bien, ella sugiere: "Concéntrate en tu propia efectividad y, en futuros encuentros, sigue el acrónimo BIAF: Sé *breve, informativo, amigable* y *firme*".

Si acercarse al individuo es demasiado arriesgado y es probable que la persona reaccione de mala manera, entonces puede ser útil **hablar con tu gerente o alguien en Recursos Humanos** (RH) al respecto. Con suerte, aprovecharán la oportunidad de acabar con el comportamiento tóxico. Desafortunadamente, las manos de tu gerente o de los empleados de RH podrían estar atadas y, como resultado, sus soluciones no tienen impacto en el problema. ¿Por qué? A veces no existe el deseo de lidiar con la incivilidad porque las personas incivilizadas están políticamente conectadas, traen muchos negocios o dinero a la organización, u otras cosas. Como resultado, la incivilidad es tolerada, aceptada y, a veces, celebrada en lugar de gestionarla y "disciplinarla."

En estos casos, la solución reside en ti y en cómo te cuidas al enfrentar un comportamiento tóxico. **Además de modelar el comportamiento civil, debes protegerte de la incivilidad de los demás.** No tomes la incivilidad de los demás personalmente y no te dejes inquietar. Por el contrario, céntrate en contribuir positivamente al lugar de trabajo y controlar activamente el estrés proveniente de la incivilidad de los demás (escribe en un diario, busca apoyo, administra tu energía o cambia tu forma de pensar y sentir sobre esos comportamientos). Estar expuesto a la incivilidad de manera continua puede erosionar tu salud personal, emocional, física y espiritualmente. A final de cuentas, tienes que decidir: ¿estás dispuesta a trabajar en una organización que parece hacerse de la vista gorda ante la incivilidad? ¿Habrá algún lugar de trabajo más amable, más gentil y más "adulto"?

FRASES RELEVANTES

"Quienquiera que uno sea y dondequiera que esté, siempre estará equivocado si uno es grosero." - Maurice Baring

"Recuerda que no existen los favores pequeños. Todo acto genera ondas que no tienen un final lógico." - Scott Adams

"Nada embellece el aspecto, la forma, o el comportamiento, como el deseo de repartir el gozo y no el dolor a nuestro alrededor." - Ralph Waldo Emerson

"Recuerda no sólo decir lo correcto en el lugar adecuado, sino algo mucho más difícil, no decir lo incorrecto en el momento de la tentación." - Benjamin Franklin

"Este es el primer criterio de la cortesía: el respeto por aquellos que no tienen posibilidad de contribuir." - William Lyon Phelps

"Doquiera que se encuentre un ser humano, existe una oportunidad de un gesto amable." - Lucious Annaeus, *Seneca*

"La vida es lo que nuestras relaciones construyen. …Las buenas relaciones hacen nuestras vidas buenas; las malas relaciones hacen nuestras vidas malas… Para aprender a ser felices debemos aprender a vivir bien con los demás, y la amabilidad es una de las claves." - P.M. Forni, *Choosing Civility*

"La vida es relacional. Nos guste o no, somos como cera en la que otros dejan su marca. Cuando alguien nos ve como algo para usar o abusar, eso se hace parte de quienes somos en nuestros propios ojos también (a pesar de la autoestima). Cuando recibimos un gesto amable, nos sentimos afirmados. Traducimos ese acto en un mensaje no hablado muy simple, muy poderoso para nosotros mismos: no estoy solo, soy valioso y mi vida tiene significado." - P.M. Forni, *Choosing Civility*

"Cuando la saludable búsqueda del interés propio y la autorrealización se convierte en auto-absorción, los demás pierden su valor intrínseco ante nuestros ojos y se convierten en simples medios para satisfacer nuestras necesidades y deseos." - P.M. Forni, *The Civility Solution*

"Cuando tú sabes que puedes hacer algo y te sientes bien respecto a ti mismo, no tienes que devaluar a otros."
- John Patrick Hickey, *Oops! Did I Really Post That*

"La sabiduría nos dice que el mejor momento para el silencio es cuando estamos enojados o molestos."
- John Patrick Hickey, *Oops! Did I Really Post That*

"No tienes que manifestar tu autoconfianza; cuando la tienes, se nota. La autoconfianza verdadera es silenciosa, discreta, civilizada, y humilde." - Rosalinda Oropez Randall, *Don't Burp in the Boardroom: Your Guide to Handling Uncommonly Common Workplace Dilemmas*

"El talento de olvidar es necesario para mantener la civilidad." - Matthew De Abaitua, *If Then*

"Una vez que las formas de civilidad son violadas, queda poca esperanza de regresar a la amabilidad o decencia." - Samuel Johnson

"La felicidad de tu vida depende de la calidad de tus pensamientos." - Marcus Aurelius

"La competencia emocional implica que podemos elegir cómo expresar nuestros sentimientos." - Dan Goleman

"Podemos elegir cómo comportarnos, y eso significa que podemos optar por la civilidad y la gracia." - Dwight Currie

"Respetar el 'No' de otra persona es una de las reglas de respeto más elementales y significativas." - P.M. Forni

"¿Qué es civilidad sino una conciencia constante de que ningún encuentro humano ocurre sin consecuencias?" - P.M. Forni

"Los modales se basan en un ideal de empatía, de imaginar el impacto en los demás de nuestras propias acciones. Implican hacer algo que no es obligatorio ni lleva recompensa alguna por el bien de otras personas." - Lynne Truss, *Talk to the Hand*

"Lo más interesante es que, al no tener ningún sentido de comunidad, somos miserables y solitarios además de groseros. Esta es una época de autismo social, en la que la gente no puede ver el valor de imaginar su impacto en los demás, y en la que la responsabilidad siempre es convenientemente depositada en las puertas de otras personas." - Lynne Truss, *Talk to the Hand*

"La cortesía no cuesta nada, y compra todo." - Mary Wortley Montagu

LECTURAS SUGERIDAS

Sharon Anthony Bower & Gordon Bower (2004). *Asserting Yourself - Updated Edition: A Practical Guide for Positive Change*

P.M. Forni (2003). *Choosing Civility: The Twenty-five Rules of Considerate Conduct*

P.M. Forni (2009). *The Civility Solution: What to do When People are Rude*

John Patrick Hickey (2015). *Oops! Did I Really Post That: Online Etiquette in the New Digital Age*

M. Scott Peck (1997). *A World Waiting to be Born: Search for Civility*

Christine Porath (2016). An antidote to incivility. *Harvard Business Review*

Rosalinda Oropez Randall (2014). *Don't Burp in the Boardroom: Your Guide to Handling Uncommonly Common Workplace Dilemmas*

Lynne Truss (2005). *Talk to the Hand: The Utter Bloody Rudeness of the World Today or Six Good Reasons to Stay Home and Bolt the Door*

AUTORES

Céleste Grimard, PhD es profesora de la Université du Québec à Montréal (Canadá).

Miguel R. Olivas-Luján, PhD es profesor en Clarion University of Pennsylvania (Estados Unidos).

www.ingramcontent.com/pod-product-compliance
Lightning Source LLC
Chambersburg PA
CBHW070810220526
45466CB00002B/619